_____ 에게

따뜻하고 다정한 말들이

너를 꼭 안아 줄 거야

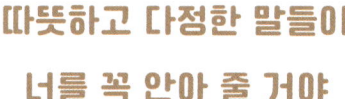

글 김지원

춘천에서 초등 아이들을 가르치고 있습니다. 매일 아침 조회 시간에 아이들에게 힘나는 말을 건네며 하루를 시작합니다. 스스로에게 해 준 따뜻하고 다정한 말들이 쌓여 지금의 단단한 어른으로 성장할 수 있었다고 믿기 때문입니다. 이 책을 읽는 모든 이가 스스로에게 예쁘고 좋은 말을 건네며 나를 먼저 아끼고 사랑하는 사람으로 자라길, 다정한 마음을 나눌 줄 아는 멋진 어른이 되길 바랍니다.

인스타그램 @jaehyungs_owner

그림 하꼬방

주변의 소소하지만 소중한 이야기에 따뜻한 감성을 담아 그림을 그립니다. 책, 패키지, 앨범 커버 등 다양한 분야의 작업을 하고 있습니다. 그린 책으로는 《우주보다 큰 아이》, 《꿈을 거래합니다》, 《두근두근 어린이 사랑 인물 시상식》, 《아바타라 안심이다》 등이 있습니다.

✦ 단단한 마음을 만드는 다정한 말 ✷

내가 나라서 정말 좋아

김지훤 글 | 하꼬방 그림

길벗

이 책을 읽는 어린이들에게

어린이 여러분, 안녕하세요! 이렇게 만나게 되어 반갑습니다. 저는 초등학교에서 아이들을 만나고 있는 김지훤 선생님이에요. 교실 속 아이들뿐만 아니라 책을 통해 더 많은 아이들을 만날 수 있다니 참 기쁘고 신기합니다. 책을 쓰는 건 제 인생의 버킷 리스트에 없던 일이었거든요.

버킷 리스트란 죽기 전에 꼭 한 번쯤은 해 보고 싶은 것들을 정리한 목록이에요. 선생님은 어릴 때부터 버킷 리스트에 담긴 크고 작은 꿈이 이루어질 날을 기대하곤 했어요. 실제로 꿈이 이루어질 때마다 얼마나 행복했는지 몰라요. 저의 버킷 리스트에는 유튜브 구독자 천 명 모으기, 졸업식 때 춤추기, 버스킹하기 같은 목록은 있어도 '책 출간하기'라는 목록은 한번도 꿈꿔 본 적이 없거든요. 예측하지 못한 행복도 가득한 것이 인생인가 봅니다.

선생님은 꿈이 이루어진 순간을 '호칭'으로 알게 되었어요. 무슨 말이냐고요? 호칭은 '사람들이 나를 부르는 말'이잖아요. 선생님의 꿈이 현실이 되었다는 걸 실감하게 해 준 특별한 호칭을 소개할게요.

첫 번째는 '선생님'이에요. 대학교 2학년 첫 교육 실습을 나갔을 때 아이들이 "선생님~"이라고 부르더라고요. 내가 선생님이라니! 고등학생 때부터 간절히 소망했던 초등 교사의 꿈이 이루어지는 순간이라 기뻤어요.

두 번째는 '신부님'이에요. 사랑하는 가족과 친구들이 모두 모인 결혼식장에서 사람들이 모두 "신부님~"이라고 부르더라고요. 내가 결혼을 한다니! 어렸을 때부터 그려 왔던 로망이 이루어지는 순간이라 행복했어요.

세 번째는 '작가님'이에요. 책을 쓰게 되면서 출판사 선생님들께서 "작가님~"이라고 불러 주시더라고요. 나와는 거리가 멀게 느껴졌던 말이 나에게 닿았을 때 그 전율은 이루 말할 수 없어요. 내가 작가라니! 평범한 겨울 아침에 방문을 열고 나왔더니 반짝이는 크리스마스 트리 밑에 빨간 리본을 단 선물 상자가 놓여 있는 기분이었죠.

인생은 뜻밖의 선물 상자 같아요. 꿈꾸던 선물 상자를 오랜 시간이 지나 만나게 되기도 하고, 꿈꾸지도 않았는데 트리 밑에 놓여 있기도 해요. 기대하는 마음으로 상자를 열었더니 꽝이 나오거나 텅 빈 상자일 때도 있죠. 어떤 상자가 나올지 모르는 게 인생이에요. 그런데 꽝이 무서워서 상자를 열어 보지 않는다면 그 안에 빛나고 있는 선물까지 놓치게 될 거예요.

여러분이 용감하게 선물 상자를 열었으면 좋겠어요. 그 속에는 여러분이 꿈꾸고 있거나 꿈꾸지 않은 모든 것들이 들어 있을 거예요. 상자를 여는 힘은 오로지 여러분 자신에게서 나온답니다. 사랑하는 나를 위해 선물 상자를 열어 주세요. 오늘의 선물 상자 안에는 이 책이 들어 있네요. 한 장 한 장 넘기며 용기와 사랑과 힘이 여러분의 마음에 스며들기를 바랄게요.

이 책을 읽는 나의 어른들에게

아침 조회 시간에 아이들과 나눈 말을 영상으로 찍어 개인 채널에 공유하고 있습니다. 많은 댓글 중에 유독 눈에 띄는 글이 있어요.

"이 말을 어렸을 때 들었더라면 내 삶이 달라졌을 것 같아요."
"어렸을 때는 왜 이런 이야기를 해 주는 사람이 없었을까요?"

우리의 어린 시절에는 친구들과 사이좋게 지내라는 말만 들었지 그 구체적인 방법을 알려 주는 선생님은 몇 분 없었습니다. 그러다 보니 부딪치고 치열하게 살아내며 스스로 방법을 터득해 나갔죠. 따뜻하고 다정한 말을 한 번이라도 들어 봤다면 얼마나 좋았을까 하는 아쉬움은 저도 마찬가지입니다. 누군가 미리 알려 줬더라면 이렇게 아프지 않았을 텐데.

어린이의 인권이 존중받지 못하고 작은 몸에 손찌검이 난무하던 시절, 우리 모두는 낯선 세상을 따스하게 알려 줄 어른을 만나고 싶었는지 모릅니다. 좋았던 선생님보다 차별하는 선생님, 학생들에게 관심도 없는 선생님, 폭력을

행사하는 선생님의 모습이 더 선명한 걸 보면요.

다행히 우리를 힘들게 했던 어른들 속에서도 우리를 지켜 준 좋은 어른들이 있었습니다. 어릴 때 마냥 해맑은 어린아이로 뛰놀 수 있도록 지켜 준 나의 어른들, 어른이 되어가는 과정을 뜨겁게 응원해 준 나의 어른들, 어른의 삶을 함께 살아가고 슬픔을 함께 위로하며 연대하는 나의 어른들.

어른이 되어 보니 어른의 무게는 참으로 무겁더군요. 나는 여전히 어린아이 같은데 어른으로 바라보는 세상의 시선에 가끔은 슬프기도 합니다. 그 시선 속에 맺힌 기대와 책임감 덕에 어른의 하루를 살아 내기도 하지만 벅차도록 힘든 날에는 나의 어른들을 떠올립니다. 내 나이를 앞서 지나간 어른들, 온갖 풍파를 견뎌 낸 부모님, 지난한 사회생활을 버텨 낸 선배들. 대단한 그들을 보며 생각합니다.

'나도 할 수 있겠지.'

존재만으로 위로가 되는 사람은 바로 당신입니다. 당신이 지나간 길을 보는 것만으로도, 당신이 서 있는 그 자리를 보는 것만으로도, 당신과 함께 살아가는 것만으로도 내겐 큰 위로입니다.

나의 어른 시절에 위로가 되어 주는 당신에게 저 또한 위로 한 조각을 드리고 싶습니다. 이 책을 통해 기댈 곳이 필요했던 여러분 마음속 어린이들이 위로 받길 바랍니다.

마음속 방구석에서 울먹이고 있는 어린 당신을 토닥이고 싶습니다. 유년 시절을 지나 어느새 훌쩍 어른이 되어 버린 당신의 손을 잡아 드리고 싶습니다. 터져 나오는 눈물이 시원하게 느껴질 정도로 서러움을 참고 사는 어른의 무게를 덜어 드리고 싶습니다.

우리의 위로를 단단하게 다지고 푸른 언덕을 만들어서 어린이들의 세상을 시원하게 지켜 줄 숲을 이루고 싶습니다. 비록 우린 어린 시절로 돌아갈 수 없지만 지금의 어린이들은 우리가 가꾼 숲속에서 행복하게 뛰놀 수 있을 테니까요. 기댈 곳이 필요한 아이들에게, 험난한 세상을 함께 헤쳐 나가는 어른들에게 든든한 어른이 되어 주세요. 우리가 만나고 싶었던 어른처럼, 우리를 지켜 줬던 어른들처럼, 여전히 우리 옆에 있는 어른들처럼. 저도 당신의 든든한 어른이 되겠습니다.

차례

프롤로그 • 2

1 내 삶을 사랑하기

특별한 나 • 14

이 세상에서 가장 궁금한 것 • 16

팔레트 세상 • 18

살아 있다는 특권 • 20

영화 같은 인생 • 22

우리의 순간 • 24

내 마음은 변덕쟁이 • 26

여유의 힘 • 28

방향의 중요성 • 30

공부를 해야 하는 이유 • 32

계절의 행복 • 34

음악과 함께하는 삶 • 36

흔적 속에 사는 삶 • 38

자연과 함께하는 삶 • 40

나를 사랑하는 방법 • 42

무채색 물음표 • 44

2 멋지게 살아가기

나만 뒤처지는 것 같을 때 • 48

기억을 지우고 싶을 때 • 50

나의 단점만 보일 때 • 52

깜깜한 터널을 지나 • 54

도전을 앞둔 나에게 • 56

포기하고 싶을 때 • 58

토닥토닥, 괜찮아 • 60

싸움에 관한 오해 • 62

누구나 오늘은 처음이라서 • 64

함부로 대하는 친구에게 • 66

자신감 만드는 세 가지 • 68

당당하게 발표하는 방법 • 70

생각이 말이 될 때 • 72

마음을 이끄는 사람 • 74

너의 우주를 들어 줄게 • 76

왕따 김지훤 • 78

3 단단하게 살아가기

사랑을 주고 싶을 때 • 82

사랑을 받고 싶을 때 • 84

나에게 해야 하는 말 • 86

나에게 하면 안 되는 말 • 88

사과받는 방법 • 90

사과하는 방법 • 92

거절하고 싶을 때 • 94

거절당했을 때 • 96

내가 너무 싫은 날 • 98

내가 나라서 정말 좋아 • 100

내 삶의 보물찾기 • 102

내 삶을 사랑하기

1

특별한 나

나는 세상에서 가장 특별하고 소중해요.

누군가 칭찬해 주지 않아도
누군가 예뻐해 주지 않아도
난 머리부터 발끝까지 특별해요.

그 누구도 나를 함부로 때릴 수 없어요.
그 누구도 나를 함부로 비난할 수 없어요.
나는 소중하니까요.

내가 나여서 정말 좋아요.
내가 언제나 자랑스러워요.
내 모습 그대로 참 어여뻐요.

그 무엇과도 바꿀 수 없는 나를
듬뿍 사랑해 줄래요.

"나는 이 세상에 단 하나뿐인 귀한 사람이에요."

이 세상에서 가장 궁금한 것

이 세상에 맛있는 음식이
얼마나 많은지 궁금해요.

이 세상에 재밌는 놀이기구가
얼마나 많은지 궁금해요.

그중에도 제일 궁금한 건 나예요.

내 안에 얼마나 많은 꿈이 있는지
내 안에 얼마나 많은 별이 있는지
궁금해요.

나를 발견하는 모험을 떠날래요.
드넓은 바다에서 노를 저으며
다양한 경험을 만져 볼래요.

"내 안의 미지의 세계를 탐험할래요."

팔레트 세상

세상에 태어날 때 누구나
윤이 나는 새 팔레트를 받아요.

새로운 배움을 경험하고
재미난 추억을 쌓으며
물감을 채워 가요.

푸른 용기의 물감
금빛 지혜의 물감
붉은 열정의 물감.

세상에서 가장 귀한 작품을 만들어 줄
특별한 물감이랍니다.

나만의 기법으로 색칠하고
이 세상에 하나뿐인 작품을 만들지요.

짜잔! 바로 '나'랍니다.

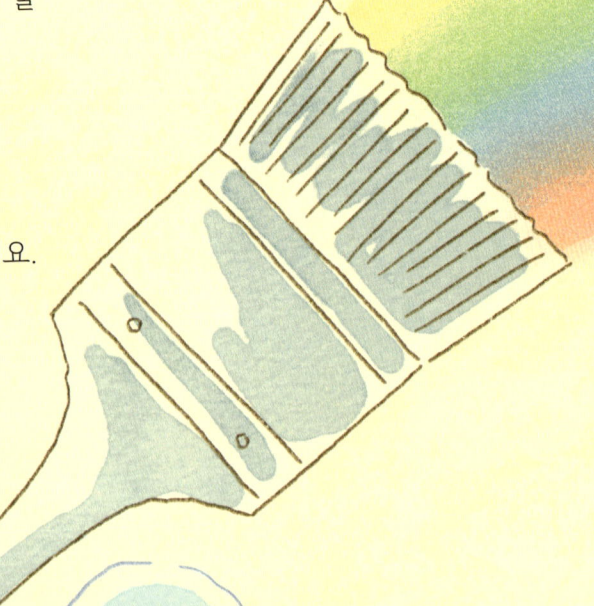

물감이 많을 때 작품이 다채로워지는 법이에요.
명작을 그리기 위해 물감을 모으세요.

"도전하고 부딪칠수록 팔레트가 화려해져요."

살아 있다는 특권

달짝지근한 초코 케이크
밤하늘에 수놓인 반짝이는 별
겨울 거리마다 보이는 크리스마스 트리.

사랑할 것들이 참 많은 세상이에요.
흥미로운 것도, 재미난 것도 많은
이 세상에 산다는 것 자체가 얼마나 행복한지요.

우린 모두 특권을 가진 사람들이에요.
살아 있다는 특별한 권리.

남들과 비교할 필요도 없어요.
우린 이미 똑같은 특권을 가졌는걸요.

이 세상에 살아 있다는 것에 환호하며
매일매일 행복하게 누릴래요.

"살아 있다는 것 자체로 눈물나게 감사해요."

영화 같은 인생

영화 속 주인공이 악당과 싸울 때
주인공이 모든 걸 잃을 때
제일 흥미롭고 가슴이 콩닥콩닥해요.

주인공의 시련이 절정에 다다를 때
영화는 가장 재밌는 거예요.
무척 궁금해지잖아요.
도대체 결말이 어떻게 될까?

우리 인생도 똑같아요.
영화 보듯 삶을 바라봐요.
지치고 포기하고 싶은 순간에
결말을 기대하며 흥미롭게 나아가는 거예요.

나만의 결말을 만들어 볼래요.
시련을 마주하는 자세로 결말이 달라지는걸요.
시련이 있기 때문에 주인공이 빛나는 법이에요.

"우리의 인생은 한 편의 영화예요."

우리의 순간

멋진 사람이 되어야만
거창한 것을 이루어야만
가치 있는 삶이라고 착각할 때가 있어요.

따사로운 햇볕
일정하게 뛰는 심장
사랑하는 사람의 온기.

우리의 모든 순간에
행복이 널려 있는걸요?

행복을 발견하고 기쁨을 간직하는 거예요.

차곡차곡 쌓여 인생이 되는
우리의 모든 순간에
감격하고 감사할래요.

"행복한 순간이 흘러 흘러 행복의 바다로 넘실거려요."

내 마음은 변덕쟁이

친구와 밤새 수다를 떨고 싶다가도
고요한 방 안에서 혼자 있고 싶어요.

세상을 구해 줄 과학자가 되고 싶다가도
사람을 살려 줄 의사가 되고 싶어요.

내 마음은 자꾸 변하니
알다가도 모르겠어요.

이랬다가 저랬다가
자꾸만 변하는 내 마음이니까
귀를 기울일래요.
한순간도 놓치지 않도록.

그래?
그랬구나.
그러고 싶구나.

내 마음에 퐁당 빠져
새로운 생각들에 공감해 줄 거예요.

"세심한 눈빛으로 내 마음을 들여다볼래요."

여유의 힘

다정한 말과 섬세한 배려는
여유로운 마음에서 우러나요.

준비물을 안 가져온 친구에게
나의 준비물을 빌려줄 수 있는 여유.

체육 시간에 팀을 승리로 이끈 친구에게
힘껏 박수 쳐 줄 수 있는 여유.

눈물을 뚝뚝 흘리며 용서를 비는
친구의 사과를 받아 줄 수 있는 여유.

걱정과 질투로 들어찬
마음의 공간을 비워 볼래요.
여유가 넉넉하게 들어가도록.

여유 한 움큼 움켜쥐고
더 사랑해 줄래요.

괜찮아

여유 한 조각 베어 먹고
더 근사하게 살아 볼래요.

"마음의 여유를 가진 사람이 우아한 법이니까요."

방향의 중요성

다정한 사람이 되고 싶고
책임감 있는 사람이 되고 싶어요.
매일 밤마다 그런 내 모습을 상상해요.

생각해 보니
내가 원하는 모습은
이미 나에게 담겨 있었어요.
조금도 모자람 없이.

매일, 조금씩, 우리는
우리가 원하는 대로 행동하기 때문이에요.

내가 정한 방향대로 인생은 흘러가요.
어디로 향해 가는지 정말 중요하지요.

완벽하지 않아도 괜찮아요.
가끔 어그러져도 뭐 어때요?

내가 정한 방향을 향해
꿋꿋하게 나아가면 되는 거예요.

"나만의 등대를 향해 노를 저을래요."

공부를 해야 하는 이유

산을 오르기 전에는 보이지 않았는데
산을 오르니 보이는 것들이 참 많아요.

산 밑에 있을 때는
내가 걷는 길만 보였는데
산 위에 오르니
마을 전체가 훤히 내다보여요.

다리가 후들거리고
온몸이 땀범벅이 되었지만
올라온 만큼 더 많은 것을 볼 수 있어요.

지식을 쌓아 올라가면
더 큰 세상이 보이고
더 큰 나를 알게 돼요.

지식의 그네를 타고
더 멀리 내다볼래요.

"공부라는 망원경으로 세상을 훤히 볼래요."

계절의 행복

봄이 와요.
유난히 햇살이 예쁘게 부서지고
분홍빛 꽃비가 살랑살랑 흩날려요.

여름이 와요.
선풍기 앞에서 차가운 수박을 먹고
시원한 바다에 풍덩 몸을 맡겨요.

가을이 와요.
선선해진 아침 공기를 느끼고
바스락거리는 낙엽과 함께 걸어요.

겨울이 와요.
소복이 쌓인 눈에 발자국을 남기고
거리마다 캐럴이 울려 퍼져요.

매일 걷는 길도 계절마다 색다른 광경을 볼 수 있어요.

자연이 부지런히 옷을 갈아입고
날 위한 패션쇼를 열어 주거든요.

"사계절이 있는 곳에 태어나서 행복해요."

음악과 함께하는 삶

내가 보고 있는 장면에
음악을 씌우면
한 편의 뮤직비디오가 만들어져요.

바삐 움직이는 사람들에게
슬로 모션이 걸려요.

세차게 내리는 폭풍우도
매력적인 몸짓을 뽐내요.

지루한 일상도
낭만적으로 느껴져요.

길가에 굴러다니는 쓰레기까지도
춤을 추는걸요.

"음악은 모든 순간을 명장면으로 만들어요."

흔적 속에 사는 삶

한가로운 오후,
가로수 길을 걷고 있었어요.
길을 아름답게 가꾸는 사람들을 만났어요.

한 사람은 풀을 베어 내고
한 사람은 한곳에 풀을 모으고
한 사람은 자루에 풀을 담고.

내가 걷고 있는 이 거리가
그냥 아름다운 게 아니었구나.
누군가의 손길이 닿아 있구나.

우리의 삶 곳곳에
아름다운 흔적이 담겨 있어요.
그 흔적을 누리며 살고 있어요.

"멋진 흔적 속에 살고 있는 오늘도, 감사합니다!"

자연과 함께하는 삶

자연은 언제나
행복을 가져다주었어요.
다만 느끼지 못했을 뿐.

흐르는 계절을 눈으로 보고
속삭이는 자연의 소리를 들으며
행복을 발견해 볼래요.

쏟아지는 아침 햇살
불어오는 산들바람
붉게 물든 저녁노을.

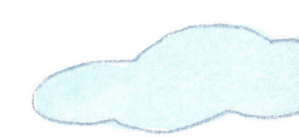

나를 위해 매일 색다르게 노래하는
자연과 함께 살아가는 것은
정말이지 행복한 일이에요.

매일 당연하게 해가 뜨고
매일 당연하게 밤이 찾아오는 것처럼
늘 당연하게 있어 주는 자연에게 말해 줄래요.

"내 세상을 다채롭게 꾸며 줘서 고마워!"

나를 사랑하는 방법

나에게 품격 있는 선물을 주며
나를 더 사랑해 줘요.

첫째, 운동해요.
열심히 하루를 살아갈 나를 위해
체력을 선물하는 거예요.
아프지 않도록, 다치지 않도록.

둘째, 책을 읽어요.
아직 모르는 게 많은 나를 위해
지식을 선물하는 거예요.
더 훌륭하게, 더 똑똑하게 살 수 있도록.

셋째, 골고루 먹어요.
다양한 영양분이 필요한 나를 위해
건강을 선물하는 거예요.
더 튼튼하게, 더 즐겁게 뛰놀 수 있도록.

"나를 사랑하는 것이 가장 중요한 사랑이에요."

무채색 물음표

　선생님은 그림을 굉장히 못 그려요. 마음은 피카소인데 현실은 삐뚤빼뚤이에요. 누군가 단점이 뭐냐고 물어보면 항상 미술을 못하는 거라고 말했어요. 늘 상상 속 작품이 탄생하지는 않았지만 미술 시간마다 묵묵히 그림을 그렸어요. 스케치가 마음에 안 들어도 끝까지 꼼꼼하게 색칠했지요. 그렇게 고등학생이 되어 미술 시간에 목판화 수업을 들었어요. 판목에 밑그림을 그리고 조각칼로 깎아 내는데, 부드럽게 잘 깎이는 거예요. 지금껏 머릿속 상상대로 작품이 만들어진 적이 단 한 번도 없었는데 기대한 대로 나온 첫 번째 작품이 완성되었어요. 미술 시간에 처음으로 '재미'라는 감정이 느껴졌어요. 초등학생 때부터 미술 시간은 늘 마음대로 풀리지 않는 답답한 시간이었거든요. 미술 선생님께 처음으로 칭찬도 받아봤어요. "목판화에 소질이 있는걸?"

　풍경화와 인물화만 그릴 때는 느끼지 못했던 자신감이 처음으로 솟아났어요. 목판화를 잘하는 내 모습을 발견할 수 있었던 건, 미술 시간을 좋아하지 않아도 늘 열심히 했기 때문이에요. 미술을 못한다고 생각하며 대충했다면 목판화를 잘하는 모습을 만나지 못했겠지요. '미술에도 여러 분야가 있고, 그중에 하나는 잘할 수 있구나, 미술을 다 못하는 게 아니었어!'라고 깨닫게 되는 기회였어요. 수필은 못 써도 시를 잘 쓸 수 있고, 연산 문제는 못 풀어도 도형 문제를 잘 풀 수 있어요. 하나 못한다고 해서 전체를 못한다고 생각하지 말아요. 어렵다고, 재미없다고 포기하면 나를 알아갈 기회를 포기하는 거예요. 그래서 매 순간 열심히 하는 게 중요해요. 언제 새로운 나를 발견할지 모른답니다. 또 다른 나를 발견할 때 얼마나 즐거운데요.

'나'라는 존재는 늘 새로워요. 무궁무진한 존재여서 완전히 아는 것도 참 어려워요. 나라는 무채색 물음표에 나만의 해답을 찾아 알록달록하게 색칠해 주세요. 나를 알고 나답게 사는 삶이 행복한 삶이랍니다. 수많은 경험 속에서 불어오는 나의 감정을 느끼며 나를 알아가 보세요. 배움을 즐거워하며 무엇이든지 흥미롭게 들여다보는 거예요. 삶의 책꽂이에 한 권씩 채워지는 게 느껴질 거예요. 더 많이 배우고 더 깊이 탐색하며 나를 발견할 때 나의 세계가 더 다채로워진답니다. 그렇게 무채색 물음표에 빛깔이 생기고 마침내 찬란한 느낌표가 되어 내 마음에 달큰한 바람을 불어줄 거예요.

멋지게 살아가기 ②

나만 뒤처지는 것 같을 때

사람마다
인생의 목표도 다르고
인생의 속도도 달라요.

내 속도대로 가면 돼요.
내 마음대로 가면 돼요.

나를 앞질러 가는 친구가 있어도
비교하지 않을래요.

나만 다른 길로 가는 것 같아도
눈치 보지 않을래요.

나만의 호흡으로
나만의 걸음으로
갈래요.

"나만의 회전목마를 타고 두둥실 나아갈래요."

기억을 지우고 싶을 때

속상했던 기억을 지우고 싶어요.
부끄러웠던 기억도 찢고 싶어요.

그런데 그거 알아요?
내가 겪는 모든 일은
나를 완벽하게 해 준다는 거.

쓸모없는 이야기는 없어요.
전부 나에게 꼭 필요한 이야기랍니다.

나의 이야기들이
나를 만드는 거예요.

그 이야기들 덕분에
지금의 내가 있는걸요.

애써 지우려 하지 말아요.
애써 피하려 하지 말아요.

찌그러지고 얼룩진 이야기들도
꼬옥 안아 주세요.

"지금의 나를 만들어 준 완벽한 시나리오랍니다."

나의 단점만 보일 때

예슬이는 아토피가 심해요.
온몸에 진물과 피, 흉터가 가득하지만
아픈 사람들의 마음을 잘 알게 되었어요.
아파 본 사람만이 그 마음을 헤아릴 수 있잖아요.

희연이는 남들보다 몸이 약해요.
삐빅. 체력 부족. 지금 당장 운동할 것!
병원에 가는 대신 운동을 열심히 하게 되었어요.
내 몸을 더 섬세하게 보살펴 줄 수 있답니다.

재성이는 이해력이 느려요.
책도 천천히 읽고 설명도 몇 번씩 다시 듣지만
그만큼 누구든 알기 쉽게 알려 줄 수 있어요.
느린 사람들에게 어떻게 말해 줘야 하는지 아니까요.

밉게만 보였던 단점도

아리따운 장점으로 변신할 수 있는 거예요.

"나의 구석진 부분까지 빈틈없이 사랑스러워요."

깜깜한 터널을 지나

가끔 삶이 버거울 때가 있어요.
이 고통이 언제 끝날지 몰라 두려워요.
내가 너무 이상한 사람처럼 느껴져요.

누구나 그럴 때가 있어요.
누구나 성장통을 겪는답니다.

성장하고 있다는 거예요.
무럭무럭 자라고 있어요.
더 큰사람이 되고 있어요.

뜨거운 용광로에서
단단한 철이 만들어지는 법이에요.

쉽게 깨지지 않게
나를 달구고 두들겨서
나만의 모양을 만들 거예요.

"단단한 사람이 되어 가는 중이에요."

도전을 앞둔 나에게

시험을 앞두고 있을 때
발표가 코앞일 때
심장이 벌렁벌렁, 눈앞이 깜깜해요.

그럴 땐 이렇게 생각해요.
"나를 던져!"

롤러코스터에 탑승해서 안전바를 내리면
롤러코스터가 알아서 운행해 주잖아요.
인생의 롤러코스터에 나를 던져 봐요.

파닥거리고 나풀대는 내가 보여요.
머리카락은 헝클어져 있지만
어느새 롤러코스터는 도착해 있어요!

도전을 앞둔 나에게 이렇게 외쳐 볼래요.

"에잇 모르겠다, 그냥 나를 던져!"

포기하고 싶을 때

숙제가 쌓여 있는데
당장 내일 숙제를 제출해야 할 때
포기하고 싶어요.

그럴 땐 힘을 빼고 편안하게 가요.
잘하지 않아도 괜찮아요.
완벽하지 않아도 괜찮아요.
뚜벅뚜벅 걸어가다 보면 결승선이 보일 거예요.

포기한다면 나중에 후회할걸요?
포기한 자신이 얼마나 실망스럽다고요.

포기하지 않고 끝까지 해내면
그 자체로 얼마나 뿌듯한데요.

끝까지 해낸 나를 격하게 칭찬해 줄래요.

"골인! 완주한 것 자체로 정말 멋져!"

토닥토닥, 괜찮아

속상할 때나 우울할 때
기분 좋아지는 코스로 나를 토닥여 줄래요.

첫 번째, 나랑 놀아 줘요.
나만의 취미로 나와 놀아 주는 거예요.
이불 속에서 영화 보기, 음악 들으며 그림 그리기.
혼자서도 잘 놀아야 스스로 충전할 수 있거든요.

두 번째, 좋아하는 음식을 먹어요.
힘들 때일수록 배 속은 든든하게.
입안에서 꿈틀대는 온갖 맛을 음미하며
나를 위해 춤을 추는 미각을 느끼는 거예요.

세 번째, 운동해요.
목표를 세워서 운동해요.
빠른 심장 박동을 느끼며
머릿속을 가득 메운 걱정을 밀어내는 거예요.

기분이 좋아지는 코스를 알아야
아무리 힘든 일이 닥쳐와도
다시 좋은 기분을 만날 수 있어요.

"내가 나를 토닥여 줄 때 가장 따뜻한 위로가 돼요."

싸움에 관한 오해

친구가 날 분노하게 할 때
우린 싸울 수 있어야 해요.
내가 나를 지키기 위해서 싸우는 거예요.

싸움은 욕하고 때리는 것이 아니에요.
친구와 대화하는 거예요, 차분하게.

사과를 받아야 한다면
진심 어린 사과를 받고
오해가 있다면
대화로 오해를 풀어 나가요.

갈등은 자연스러운 거랍니다.
나쁜 게 아니에요.
갈등을 풀어 나가는 방법이 중요하지요.

갈등이 반복되지 않기 위해
친구에게 나의 마음을 전하고
친구의 이야기를 들어야 해요.

"지혜롭게 대화하는 것이 나를 위한 싸움이에요."

누구나 오늘은 처음이라서

실수를 반복하는 친구가
답답할 때가 있어요.

그럴 땐
친구의 손을 잡아 주기로 해요.

처음은 언제나 어려운데
우리 모두 오늘을 처음 사는 거잖아요.

저마다의 고민으로
치열하게 살아가는
우리 모두에게
조금 더 너그러워져요.

손에 손을 잡고
손에 마음을 잡고
손에 사랑을 잡고
함께 걸어가요.

"따스한 손을 내밀 때 마음이 넉넉해져요."

함부로 대하는 친구에게

얘랑 놀지 마.
내가 시키는 대로 해.
쟤 때리고 와!

나는 좋은 것과 나쁜 것을
구별할 수 있어요.
친구가 나쁜 일을 시킨다면
그대로 행동하지 않을 거예요.

옳지 않은 일은
따르지 않을 거예요.
이리저리 휩쓸리지 않고
옳은 것을 선택할 거예요.

내 기준대로 선택하고
내 생각대로 결정할 거예요.
내 삶은 내 거니까요.

친구가 나를 제멋대로 조종하는 것을
내버려두지 않을 거예요.
그리고 단호하게 말할래요.

"내가 알아서 할게."

자신감을 만드는 세 가지

인생을 살아갈 때 자신감이 중요해요.
인생은 자신감으로 사는 거예요.
자신감은 이렇게 만들어요.

첫째, 눈빛.
상대의 눈을 똑바로 바라보아요.
눈에 힘을 주고 초롱초롱하게.
눈을 마주치지 못하면
떨고 있다고 느껴지거든요.

둘째, 자세.
굽은 허리와 말린 어깨를 펴요.
누가 위에서 내 정수리를 잡고 끌어올리듯.
자세가 구부정하면
지쳐 있다고 느껴지거든요.

셋째, 목소리.
상대가 알아들을 수 있는 크기로 말해요.
적당한 크기와 빠르기로 또박또박.
작은 목소리는
주눅 들어 있다고 느껴지거든요.

"당당한 모습으로 자신감을 만들 수 있어요."

당당하게 발표하는 방법

친구들 앞에만 서면
손에 땀이 나고
눈앞이 아득해져요.

떨리는 마음을 들키고 싶지 않다면
이렇게 해요.

첫째, 눈을 마주쳐요.
친구의 눈을 바라보며 말해요.
흔들리지 않는 눈빛으로 자신감을 드러내는 거예요.

둘째, 몸을 지나치게 움직이지 않아요.
다리를 떨지 않아요.
손을 마구 휘젓지 않아요.
다리는 어깨너비로 벌리고 허리를 펴요.

셋째, 문장을 끝맺어요.
말끝을 흐리지 않아요.
떨려도 끝까지 말해요.

떨려도 꾸준히 연습하면
언젠가 당당하게 발표할 수 있어요.

거울에 비친 눈동자를 바라보며 말해요.

"나도 할 수 있어!"

생각이 말이 될 때

내 마음을 말로 표현할 수 없을 때
마음이 답답해요.
생각을 말로 자유롭게 풀어낼 때
기분이 시원해요.

표현을 못해서 답답한 일이 생기지 않도록
전달을 못해서 억울한 일을 당하지 않도록
이렇게 연습해요.

첫 번째, 책을 많이 읽어요.
다양한 단어를 보며
적절한 표현 방법을 배울 수 있어요.

두 번째, 일기를 써요.
어떤 일이 있었는지, 어떤 생각이 들었는지
일상을 기록하며 마음의 언어를 정리할 수 있어요.

세 번째, 많이 말해요.
발표할 기회가 있을 때 주저하지 않고 용기 내요.
더듬어도 괜찮아요. 화려하지 않아도 괜찮아요.
생각을 표현하는 연습을 하며 기회를 얻을 수 있어요.

"생각이 말이 될 때 자유롭게 하늘을 나는 것 같아요."

마음을 이끄는 사람

누구에게나 호감을 얻는 사람들은
공통점이 있어요.

첫째, 눈치 있는 사람.
유쾌하고 과하지 않게 장난칠 줄 알고
친구의 슬픔을 알고 위로해 줄 수 있는 사람.
그런 친구의 옆에 있을 때는 마음이 산뜻해요.

둘째, 넓은 마음씨를 지닌 사람.
친구를 너그러이 품어 줄 수 있는 마음씨.
친구의 의견도 받아들이고 양보할 줄 알아요.
그런 친구의 옆에 있을 때는 마음이 아늑해요.

셋째, 책임감 있는 사람.
주어진 일을 성실히 수행하는 책임감.
누구든 자신의 일을 멋지게 해내는 사람을 인정하게 돼요.
그런 친구의 옆에 있을 때는 마음이 든든해요.

그런 친구에게 이렇게 말해 주고 싶어요.

"너는 마음을 이끄는 사람이야."

너의 우주를 들어 줄게

관심사가 달라도
생각이 달라도
누구와도 잘 대화하고 싶을 때는
이렇게 해요.

첫째, 경청해요.
듣는 것은 말하는 것보다 더 중요해요.
눈을 맞추고 귀 기울이며 이런 인상을 주는 거예요.
'너의 이야기가 정말 궁금해!'

둘째, 반응해요.
공감하고 함께 웃으며
타오르는 대화의 불에 기름을 부어 줘요.
생기 있는 반응으로 이런 인상을 주는 거예요.
'너의 이야기가 정말 재밌어!'

셋째, 칭찬해요.
칭찬은 대화에 버터를 발라 줘요.
대화를 더 즐겁고 산뜻하게 만들며 이런 인상을 주는 거예요.
'너와 함께 대화하는 게 좋아!'

사람을 만난다는 건 새로운 세상을 만나는 거예요.
그 세상에 들어가기 위해 대화를 해야 해요.

"대화를 통해 또 다른 세상을 들여다볼래요."

왕따 김지훈

　초등학교 5학년 때 왕따를 당했어요. 인생에서 제일 힘든 시기를 꼽으라면 늘 그때가 떠올라요. 매주 일요일 밤마다 텔레비전에서 〈개그콘서트〉를 방송했는데, 프로그램이 끝날 때면 늘 밴드가 음악을 연주해요. 저는 그 밴드 음악이 너무 싫었어요. '아, 이제 자고 일어나면 학교에 가야 하는구나.' 막막함에 눈물이 앞을 가렸죠. 길을 걸을 때는 앞을 보며 걸을 수 없었어요, 친구들과 눈이 마주칠까 봐. 쉬는 시간에 늘 자리에 엎드려 있었어요, 같이 놀아 줄 친구가 없어서.

　아무도 말을 건네지 않는 왕따로 살아가야 하는 게 너무나도 슬프고 끔찍했어요. 방학이 며칠 남았는지 하루하루 손가락을 꼽아 기다렸지요. 그런데 시간이 흐르고 하나둘 친구들이 자연스럽게 다가와 주면서 왕따로 살던 삶이 막을 내렸어요. 나에겐 없을 것 같던 왕따의 삶이 일어났고 끝나지 않을 것 같던 왕따의 삶이 끝났어요.

　지나고 나니 그렇게 아팠던 시간도 도움이 되더라고요. 왕따로 사는 삶이 얼마나 고통스러운지 아니까 혼자 있는 친구들에게 먼저 다가갈 수 있고 교사로서 제자들의 아픔에 공감할 수 있어요. 아파 본 사람만이 아픈 사람의 마음을 아는 거잖아요. 더 많이 아플수록 더 많이 공감할 수 있어요. 사람들의 아픔에 더 깊이 다가갈 수 있다는 것 자체로 내게는 멋진 이야기랍니다. 나의 이야기가 누군가의 마음을 잔잔하고 따뜻하게 위로할 수 있다는 건 참 멋진 일이에요.

 내가 겪은 이야기들이 다 나의 힘이에요. 그런 아픔도 헤쳐서 뚫고 나온 강한 사람이라는 증거예요. 강해진 만큼 앞으로 들이닥칠 파도에도 휘청거리지 않고 맞설 수 있답니다. 겨울 다음에는 반드시 봄이 오고, 폭풍우는 반드시 잠잠해진다는 걸 기억하세요. 시련이 지나갔을 때 뿌리가 더 깊어진 내가 보일 거예요. 그렇게 뿌리를 내리고 더 굵어지며 더 높이 자랄 거예요. 우린 그렇게 푸르른 나무가 될 거예요.

단단하게 살아가기 ③

사랑을 주고 싶을 때

사랑은,
깊은 눈빛으로도
따뜻한 온기로도
나눌 수 있어요.

바들바들 떨면서 발표하는
친구의 말에 귀 기울여 주는 것도 사랑이에요.

마음대로 되지 않아 울고 있는
친구의 어깨를 토닥여 주는 것도 사랑이에요.

시험에서 백 점을 받고 기뻐하는
친구에게 박수를 쳐 주는 것도 사랑이에요.

내 안에 꿈틀거리는 알록달록한 사랑을
소중히 꺼내어 보여 줄 거예요.

"사랑의 날갯짓으로 더 큰 사랑을 일으켜요."

사랑을 받고 싶을 때

부모님께서 걱정해 주실 때

친구들이 격려해 줄 때

사랑받는다고 느껴요.

사랑받고 싶다면 먼저 사랑하는 거예요.

받고 싶은 사랑만큼 표현해 볼래요.

사랑할수록 사랑받는 법이거든요.

표현을 해야 느낄 수 있어요.

쑥스러워도 표현해 볼래요.

사랑하는 부모님께

소중한 친구들에게.

사랑을 표현할 수 있는 사람은
용기를 갖춘 사람이에요.

용기 있게 말해 볼래요.

"늘 내 옆에 있어 줘서 고마워!"

나에게 해야 하는 말

삶의 순간마다
나에게 꼭 필요한 말이 있어요.

어떤 일을 시작하기 두려울 때
이렇게 외쳐요.
"할 수 있어!"

어떤 일의 결과가 아쉬울 때
이렇게 속삭여요.
"괜찮아, 충분히 잘했어!"

어떤 일에 실수했을 때
이렇게 토닥여요.
"그럴 수 있지!"

삶에 추운 바람이 불 때
따뜻한 말이 겨울 이불이 되어
포근하게 덮어 줄 거예요.

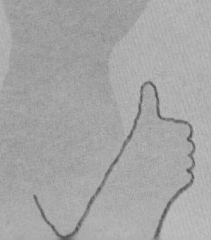

나에게 하면 안 되는 말

친구에게 들을 때 화가 나는 말을
스스로에게 할 때가 많아요.

친구에게 듣고 싶지 않은 말은
나도 나에게 하면 안 되는 거예요.

"내가 늘 그렇지 뭐."
나를 무시하는 생각.

누구나 실수할 때도 있고 잘할 때도 있는 거예요.
나를 보듬어 줘야 해요.
이렇게 바꿔 볼래요.

"그럴 수도 있지."

"난 못해."
자신감을 떨어트리는 생각.

도전조차 하지 않는다면 기회를 놓치는 거예요.
나에게 용기를 불어넣어 줘야 해요.
이렇게 바꿔 볼래요.

"난 할 수 있어!"

사과받는 방법

상처 난 가슴은 사과로 치유받을 수 있어요.
상처가 더 커지지 않도록 사과를 받아야 해요.

첫 번째, 친구의 행동에 대해 말해요.
친구의 행동에서 기분이 나빴던 것을
구체적으로 말해요.
"내가 하지 말라고 말해도 내 팔을 계속 때리더라고."

두 번째, 감정에 대해 말해요.
친구가 나의 기분을 알 수 있도록
내가 느낀 감정을 전달해요.
"그래서 팔이 아프고 또 때릴까 봐 무서웠어."

세 번째, 바라는 점을 말해요.
친구가 약속할 수 있도록
원하는 것을 말해요.
"다음부터는 내가 하지 말라고 했을 때 안 해줬으면 좋겠어."

친구의 사과가 마음의 눈물을 닦아 준답니다.

"마음의 상처에는 진심 어린 사과가 최고의 약이에요."

사과하는 방법

자신의 잘못에 대해
사과할 줄 아는 사람이
진짜 멋있는 사람이에요.

첫째, 잘못에 대해 설명하고 인정해요.
왜 그렇게 행동했는지 이유를 말하고
자신의 잘못을 인정해요.
"너랑 같이 노는 게 좋아서 계속 장난쳤는데 기분 나쁘게 해서 미안해."

둘째, 친구의 마음을 헤아려요.
상처 받은 친구의 마음을 살피고
친구의 감정에 공감해요.
"계속 그렇게 장난치면 나 같아도 많이 짜증 났을 것 같아."

셋째, 약속해요.
친구가 신뢰할 수 있도록
진심을 다해 약속해요.
"다음부터는 반복해서 장난치지 않을게, 약속할게."

사과와 약속을 통해 친구와 더 친해질 수 있어요.

"갈등을 환하게 비추면 우정이 보여요."

거절하고 싶을 때

요구를 받아들이기 힘들 때는
제안이 마음에 들지 않을 때는
거절하는 것도 필요해요.

첫 번째, 나를 위해서 건넨 제안이 내키지 않을 때
부드럽게 거절해요.
"아냐, 괜찮아."
날 생각해 준 마음에 대해 말해요.
"생각해 줘서 고마워."

두 번째, 나에게 부담되는 요구를 했을 때
나의 상황을 설명해요.
"내가 지금은 바빠서 안 될 것 같아."

세 번째, 나를 함부로 부려먹을 때
단호하게 말해요.
친구를 똑바로 바라보고 자신감 있는 목소리로.
"싫어. 내가 왜?"

용기가 안 난다면 무시해요.
무례한 말을 가볍게 흘려보내는 거예요.

거절은 나쁜 게 아니에요.
나를 보호하기 위해서
거절할 줄 알아야 해요.

"용기 있는 거절은 나를 지켜 줘요."

거절당했을 때

친구의 용기 있는 거절을
너그러이 받아들이는 사람은
마음이 넓은 사람이에요.

첫 번째, 나의 친절을 친구가 거절했을 때
나는 좋은 마음으로 제안했어도
친구에게는 부담일 수 있어요.
시원하게 받아들여요.
"그래, 알겠어!"

두 번째, 나의 부탁을 친구가 거절했을 때
친구는 나의 부탁을 거절할 권리가 있어요.
깔끔하게 받아들여요.
"그래, 알겠어. 미안!"

세 번째, 나의 명령을 친구가 거절했을 때
친구에게 명령하는 게 아니에요.
친구가 명령을 거절하는 건 당연해요.
나의 말에 기분이 나빴을 친구에게
부드럽게 말해요.
"기분 나쁘게 말해서 미안해."

거절을 대하는 자세에서 사람의 품격이 보인답니다.

"거절도 예의 있게 받아들이는 멋진 사람이 될 거예요."

내가 너무 싫은 날

항상 잘하고 싶고 좋은 사람이고 싶지만
매번 실수하는 나를 발견할 때마다
속상하고 실망스러워요.

나로 인해 친구가 상처 받았다면
진심으로 용서를 구하면 돼요.

나의 실수로 인해 일이 꼬였다면
한 올 한 올 풀어나가면 돼요.

우리가 용서받은 만큼 용서할 수 있어요.
나를 따스하게 품어 주는 이들에게 감사하며
나도 세상을 꼬옥 안아 주는 사람이 되는 거예요.

누구나 다 실수하며 사는걸요.
잘하고 싶었던 나에게,
풀죽은 나에게,
다정하게 다독여 주기로 해요.

"괜찮아, 그럴 수 있어."

내가 나라서 정말 좋아

내가 자랑스럽고 기특할 때
기뻐서 팔짝팔짝 뛰고 싶을 때
이렇게 기쁨을 만끽해요.

첫째, 일기로 기록해요.
내가 겪은 황홀한 하루를 글로 새겨요.
차곡차곡 모은 행복이 힘들 때 위로의 책갈피가 되어 주거든요.

둘째, 거울 보고 활짝 웃어요.
뺨 근육이 당기도록 기쁨을 만끽해요.
짜릿함, 즐거움, 기쁨의 감정이 거울 속에 활짝 피어 있거든요.

기쁨을 완전하게 느끼면서 또 다른 하루를 살아갈 힘을 얻어요.
우린 그렇게 살아가는 거예요.

어여쁜 나에게 이렇게 외쳐 볼래요.

"내가 나라서 정말 좋아!"

내 삶의 보물찾기

소풍 갈 때마다 제일 기대했던 활동이 있어요. 바로 보물찾기예요. 보물이 숨어 있다는 말을 듣는 순간부터 가슴이 콩닥콩닥 뛰어요. 설렘을 주체할 수 없는 마음이 하늘에 두둥실 떠다니는 것만 같아요. 어떤 보물이 기다리고 있을까 무척 궁금하거든요. 시작 신호가 떨어지자마자 부리나케 달려요. 혹시나 이곳에 숨겨 있을까 기대하며 이리저리 들여다보죠. 보물을 찾으러 다니는 순간이 마냥 행복해요. 그렇게 땀을 뻘뻘 흘리며 찾다가 마침내 보물을 손에 쥐게 돼요. 그 순간이 얼마나 짜릿하다고요. 희열과 감동을 준답니다. 땀과 노력으로 얻은 보물이기에 더 소중한 법이지요.

인생은 보물찾기예요. 인생을 걷다 보면 새로운 보물을 찾게 될 거예요. 그래서 계속 걸어야 해요. 가만히 멈춰 있으면 보물을 발견할 기회조차 없거든요. 숨이 벅찰 때는 나무 그늘 밑에서 잠시 쉬었다 가도 돼요. 숨을 고르고 다시 떠나는 여정에서 더 빛나는 보물을 발견할 거예요. 보물을 찾는 것 자체가 즐거운 거예요. 설레고 흥분되고 기대되는 그 감정을 온전히 느끼며 걷다 보면 자연스럽게 보물이 내 품으로 들어온답니다.

살아갈수록 보물이 많아져요. 소중한 친구들에게 받은 편지, 새롭게 발견한 나의 취향, 시련을 통해 얻은 삶의 지혜, 눈물 나게 감동적인 영화, 밤새 읽은 책, 인생의 명장면이 기록된 일기장, 가을에 주운 낙엽, 가족들과 함께한 추억 조각. 그 모든 게 보물이랍니다. 어릴 적 추억이 깃든 그 시절도 좋지만 다시 돌아가고 싶지 않을 만큼 지금이 더 좋아요. 내가 지금까지 모은 보물이 이토록 많은걸요.

나날이 새로운 보물을 만나면서 인생이 더 재밌어져요. 초등학생 때보다 중학생 때가 더 재밌고, 중학생 때보다 고등학생 때가 더 재밌어요. 천진난만한 초등학생, 가꾸는 데 몰두하는 중학생, 치열하게 공부하는 고등학생, 자유로운 대학생, 더 큰 세상을 만나는 직장인. 몰랐던 것들을 하나씩 알게 되고 보이지 않았던 것들이 보일 때 얼마나 재밌는지 몰라요. 눈앞에 펼쳐질 황금빛 미래를 기대해 보세요. 그리고 보물을 찾기 위해 떠나세요. 주저하지 마세요. 여러분을 기다리고 있는 보물이 풀숲 속에서 조용히 반짝거리고 있어요.

내가 나라서 정말 좋아

초판 1쇄 발행 · 2025년 1월 15일
초판 12쇄 발행 · 2025년 7월 7일

지은이 · 김지훤
발행인 · 이종원
발행처 · (주)도서출판 길벗
출판사 등록일 · 1990년 12월 24일
주소 · 서울시 마포구 월드컵로 10길 56(서교동)
대표 전화 · 02)332-0931 | **팩스** · 02)323-0586
홈페이지 · www.gilbut.co.kr | **이메일** · gilbut@gilbut.co.kr

책임편집 · 이미현(lmh@gilbut.co.kr), 황지영 | **마케팅** · 조승모, 이주연 | **유통혁신** · 한준희
제작 · 이준호, 손일순, 이진혁 | **영업관리** · 김명자, 심선숙, 정경화 | **독자지원** · 윤정아

디자인 · 정윤경 | **일러스트** · 하꼬방 | **인쇄소** · 영림인쇄 | **제본** · 영림제본

- 잘못 만든 책은 구입한 서점에서 바꿔 드립니다.
- 이 책은 저작권법에 따라 보호받는 저작물이므로 무단전재와 무단복제를 금합니다.
- 이 책의 전부 또는 일부를 이용하려면 반드시 사전에 저작권자와 출판사 이름의 서면 동의를 받아야 합니다.

ISBN 979-11-407-1429-2 77810
(길벗 도서번호 050226)

독자의 1초를 아껴주는 정성 길벗출판사

(주)도서출판 길벗 | IT교육서, IT단행본, 경제경영서, 어학&실용서, 인문교양서, 자녀교육서 www.gilbut.co.kr
길벗스쿨 | 국어학습, 수학학습, 어린이교양, 주니어 어학학습, 학습단행본 www.gilbutschool.co.kr

독자 엽서를 보내 주세요.

김지원 선생님에게 전하고 싶은 말이 있나요?
책을 읽고 든 생각이나 의견, 질문이 있다면
아래의 QR을 찍어 편집부로 보내 주세요.